Saint-Brieuc
1925

Statuts du Chapitre de la cathédrale promulgués par Monseigneur l'évêque de Saint-Brieuc

STATUTS

DU

Chapitre de la Cathédrale

PROMULGUÉS

par Monseigneur l'Evêque de Saint-Brieuc

SAINT-BRIEUC

IMPRIMERIE DE RENÉ PRUD'HOMME, ÉDITEUR PONTIFICAL

Imprimeur de Sa Grandeur Monseigneur l'Evêque

1925

STATUTS

DU

CHAPITRE DE LA CATHÉDRALE

PROMULGUÉS

par Monseigneur l'Evêque de Saint-Brieuc

ARTICLE I

Le Chapitre Cathédral de Saint-Etienne de Saint-Brieuc est actuellement composé de neuf chanoines. Il n'est pas nombré.

ARTICLE II

Conformément à la législation canonique sur les Chapitres, qui ne sont pas nombrés, aucun canonicat ne devra être institué sans un revenu formel qui assure au titulaire, et à ses successeurs, les ressources de subsistance convenable eu égard aux nécessités du temps.

ARTICLE III

Il n'y a qu'une dignité, celle du Doyen, qui a été établie par un décret de la Sacrée Congrégation de la Consistoriale en date du 9 janvier 1920. *(Voir pièces justificatives nº 1.)*

Le Doyen est pris parmi les chanoines.

L'Evêque, en accord avec le Chapitre, élit le Doyen, et le présente à la nomination du Saint-Siège.

Le Doyen a la préséance au Chapitre, et préside les réunions.

Le chanoine le plus ancien d'installation le remplace en cas d'absence, ou d'empêchement.

Les réunions ordinaires du Chapitre ont lieu le jeudi des Quatre-Temps, après l'office du soir sans convocation.

De plus, le Chapitre se réunit chaque fois qu'il est jugé utile, ou par l'Evêque, ou par le Doyen, ou par la majorité des chanoines.

Pour ces réunions extraordinaires, la convocation doit être faite individuellement à chaque chanoine, au moins un jour plein à l'avance, soit par lettre, soit par invitation verbale.

ARTICLE IV

Le Curé-Archiprêtre de Saint-Etienne, dont la nomination est faite par l'Evêque sur la présentation du Chapitre, devient en même temps chanoine titulaire.

Le neuvième canonicat a été fondé pour lui. *Voir pièces justificatives n° 2.* Ordonnance Episcopale du 25 Novembre 1859 — et Décret Impérial du 23 Janvier 1860.

Si, pour une raison quelconque, il cessait d'être Curé-Archiprêtre, il n'en resterait pas moins chanoine titulaire, et continuerait d'occuper, au chœur, la stalle que sa date d'installation comme chanoine titulaire lui assigne.

Les droits et les obligations respectifs du Chapitre de la Cathédrale et du Curé-Archiprêtre de la paroisse Saint-Etienne sont tels que les énumère le *Codex Juris canonici*. Canon 415.

ARTICLE V

Sont proposés par le Chapitre, et, une fois agréés, sont nommés par l'Evêque :

Le théologal,
Le pénitencier,
Le maître des cérémonies,
Le secrétaire-trésorier.

ARTICLE VI

Les Vicaires généraux de l'Evêque ont la préséance sur le Chapitre et occupent au chœur les deux premières stalles.

Viennent ensuite le Doyen du Chapitre et les autres chanoines titulaires, suivant la date de leur installation.

Les Vicaires généraux honoraires, (qui ne sont pas chanoines titulaires) prennent place au chœur après les chanoines titulaires ; puis les chanoines honoraires, suivant la date de leur nomination.

D'après la coutume, le Supérieur du Grand Séminaire, alors même qu'il n'est que chanoine honoraire, porte le costume des chanoines titulaires et prend rang, au chœur, suivant la date de sa nomination comme Supérieur.

Ce privilège cesse avec l'exercice de sa fonction de Supérieur.

S'il est nommé chanoine titulaire, il prend rang, dans le Chapitre, selon la date de son installation comme chanoine titulaire.

Article VII

L'habit de chœur des chanoines titulaires et honoraires se compose de :

1º Un rochet brodé ou uni.

2º Le camail noir, orné de liserés rouges et de boutons rouges, avec une bande d'hermine tout autour.

3º La barrette noire, à quatre cornes, avec liserés rouges.

4º De plus, les Vicaires généraux titulaires, les Chanoines titulaires, le Supérieur du Grand Séminaire, et les Vicaires généraux honoraires portent, sur le camail, attachée par un ruban rouge, une croix octogonale concédée par Pie IX. *Voir pièces justificatives n° 3.*

5º Le rochet brodé se porte à tous les offices capitulaires ou extra capitulaires, sauf les jours de férie, aux enterrements et aux offices des Ténèbres, où les chanoines portent le rochet en batiste.

Cependant, pour les enterrements, le rochet en batiste pourra être remplacé par le rochet en filet, sans aucune broderie.

De plus, pour les enterrements, en dehors du

diocèse, les chanoines se conformeront à l'usage des lieux, et porteront le rochet brodé si leurs collègues du diocèse, où se fait la cérémonie, en ont l'habitude.

ARTICLE VIII

Etant donné 1° le petit nombre des chanoines titulaires ; — 2° l'absence totale de prébende, de traitement et de distribution manuelle ; — 3° et en vertu *d'indults* concédés par le Saint-Siège à l'Evêque de Saint-Brieuc *(voir pièces justificatives N° 4)*, le service du chœur est limité à ce qui suit :

1° Tous les **Dimanches**, tous les jours de **fêtes d'obligation** et de **dévotion**, et tous les **Jeudis** de l'année : tierce, grand'messe, sexte le matin ; none, vêpres, complies et salut l'après-midi.

2° Les jours ordinaires, messe basse à huit heures.

3° Le Mercredi des Cendres, grand'messe.

4° Office complet les trois derniers jours de la Semaine Sainte.

5° Procession et grand'messe les jours de Saint Marc et des Rogations.

6° Grand'messe, vêpres et complies pendant l'octave du S. Sacrement ; le jour anniversaire de la Canonisation de Saint Guillaume ; le jour de la fête de la Sainte Epine ; le jour de la Translation des reliques de Saint Brieuc.

7° Le jour de la Commémoration de tous les Fidèles défunts : grand'messe suivie de l'absoute.

De plus, à deux heures, vêpres solennelles et complies, la veille des fêtes suivantes :

a) Noël.
b) Epiphanie.
c) Fête de Saint Brieuc.
d) Ascension.
e) Pentecôte.
f) Fête-Dieu.
g) Fête de Saint Guillaume.
h) Assomption.
i) Dédicace de la Cathédrale.
j) La Toussaint.

ARTICLE IX

Le service du Chœur est assuré par deux chanoines hebdomadiers :

Le *premier hebdomadier* commence ses fonctions le Dimanche où il entre en semaine ; chante la grand' messe, préside les vêpres et donne le salut du Saint Sacrement ; — il célèbre une messe basse à huit heures tous les autres jours de la semaine, sauf le jeudi où il chante la grand'messe à 9 heures, préside les vêpres et le salut qui se donne après complies.

De plus, si au cours de la semaine, il se présente quelque fête *non réservée*, c'est à lui qu'il incombe de chanter la grand'messe et de présider les vêpres.

Le *second hebdomadier*, c'est-à-dire celui qui a fait fonction de premier hebdomadier la semaine précédente, célèbre la messe à *neuf heures* le dimanche qui clôture sa semaine de premier hebdomadier et préside les petites heures et les complies, depuis *None* du dimanche où se termine sa semaine de premier hebdomadier jusqu'à et y compris *Sexte* du dimanche suivant.

Si le *premier* ou le *second* hebdomadier prévoient ne pouvoir assister à un office qu'ils doivent présider, ils sont *personnellement* tenus de s'assurer que l'un de leurs collègues sera présent à *l'heure indiquée* pour les suppléer.

ARTICLE X

Quand l'Evêque officiera pontificalement, il sera assisté par le Doyen et les deux vicaires généraux. Le Doyen fera prêtre assistant et les deux vicaires généraux diacres d'honneur.

Etant donné : le petit nombre de chanoines titulaires — et cette considération que l'un d'entre eux doit assurer la messe de neuf heures, même les jours où l'Evêque officie — étant donné, d'autre part, la présence ordinaire, dans la ville épiscopale, de nombreux chanoines honoraires, les chanoines honoraires résidant à Saint-Brieuc, seront invités, à tour de rôle, à remplir les fonctions de sous-diacre d'office pour les fonctions épiscopales. M. le Maître des cérémonies veillera à ce qu'ils reçoivent cette invitation, quelques jours à l'avance.

ARTICLE XI

Quand l'Evêque n'officiera pas, aux jours qui lui sont réservés par le Droit, il sera remplacé par le Doyen, et à son défaut par le plus ancien chanoine titulaire.

Cependant, par exception, les Vicaires généraux actuels — 1924 — continueront, comme par le passé, de remplacer l'Evêque aussi longtemps qu'ils seront Vicaires généraux titulaires : Ils continueront, de même, de faire fonction de prêtre assistant et de premier diacre d'honneur, aux offices pontificaux.

ARTICLE XII

Le Chapitre se conformera au droit commun sur toute les matières non énoncées dans les présents statuts.

* *

Nous publions les présents Statuts et leur donnons force et valeur canonique de constitutions capitulaires.

Saint-Brieuc, le 31 Octobre 1924.

† FRANÇOIS-JEAN-MARIE

Evêque de St-Brieuc et Tréguier.

PIECES JUSTIFICATIVES

N° 1

S. Congregatio consistorialis

BRIOCENSIS

$$\frac{970}{19}$$

DECRETUM

Cum ex canone 393 § 1 et ex canone 294 § 2 Codicis Juris canonici, in quâlibet ecclesiâ Capitulari Dignitates esse debeant auctoritate apostolica instituendæ, cumqne earum collatio eidem Apostolicæ Sedi reservata sit, hinc Rmus Episcopus Briocensis supplices preces SSmo Domino Nostro Benedicto P.P. XV porrexit ut in sua Ecclesia Cathedrali erigere vellet Dignitatem Capitularem, nomine Decanatus appellandam, eamque prima vice conferre dignaretur Rmo Canonico Tussano Lecoqû antiquiori ex canonicis ejusdem Ecclesiæ.

Sanctitas vero sua oblatis Sibi precibus benigne annuit ; ideoque apostolica auctoritate in præfato Capitulo seu Cathedrali perpetuo erigit atque instituit capitularem Dignitatem cui Decanatus nomen inhærebit, simul indulgens ut illam hac prima vice habeat ac possideat memoratus canonicus Tussanus Lecoqû. Futuris autem vacationibus eadem Dignitas de collatione erit Apostolicæ Sedis. Hisce super rebus idem Smus Dominus prœsens edi jussit consistoriale Decretum, perinde valiturum ac si Apostolicæ sub plumbo litteræ expeditæ fuissent : cujus executio una cum facultatibus ad id necessariis præfato Rmo episcopo Briocensi committitur ; contrariis non obstantibus quibuscumque.

Datum Romæ ex Ædibus Sacræ Congregationis Consistorialis, die 9 Januari 1920.

† C. CARD. DE LAI EPUS SABINEN.

Secretarius,

† T. SARDI ARCHIEPISCOPUS COESAR.

Adsessor,

N° 2

ORDONNANCE

de Mgr Guillaume-Elisée MARTIAL

Nous, Evêque de Saint-Brieuc et Tréguier :

Vu la circulaire ministérielle du 20 mars 1807, adressée aux Archevêques et Évêques de l'Empire Français, relative à la réunion des cures aux chapitres des Cathédrales ;

Vu l'avis du Chapitre de notre Cathédrale en la date du 11 du présent mois ;

Considérant que le Droit Canon admet la réunion des Cures aux Chapitres des Eglises Cathédrales ;

Considérant que le Droit Civil admet la même réunion pour les cures qui se trouvent dans les églises métropolitaines ou cathédrales ;

Considérant que déjà cette réunion a été faite dans le plus grand nombre des diocèses de France, où un membre du Chapitre, sous le titre d'Archiprêtre, est chargé de l'administration spirituelle de la cure réunie ;

Considérant que l'existence dans la Cathédrale d'une cure distincte et indépendante du corps du Chapitre peut donner lieu à des conflits et divisions possibles, quoiqu'il ne soit pas venu à notre connaissance que jusqu'ici il se soit produit rien de très grave, à cet égard, dans la Cathédrale de Saint-Brieuc ;

Considérant que, dans l'avis susvisé, tous les membres du Chapitre, à l'unanimité, ont témoigné de leur sympathie pour le projet de réunion à la cure que nous leur avons dit être dans notre pensée ;

Considérant que la vacance de la cure survenue par la nomination de Mgr Epivent à l'Evêché d'Aire et de Dax rend notre projet réalisable sans froisser aucun intérêt personnel ;

Considérant que la réunion dont il s'agit donnera lieu à

l'érection d'un neuvième canonicat dans le Chapitre de la Cathédrale de Saint-Brieuc, comme cela a eu lieu dans les autres Cathédrales, dont la cure a été réunie au Chapitre ;

Considérant que dans la législation actuelle l'Evêque peut ordonner que les fonctions curiales soient exercées par un vicaire amovible, et que nous trouvons aussi une approbation du Saint-Siège donnée aux statuts d'un Chapitre (du diocèse de Digne) qui portent : « l'archiprêtre est comme tel révocable à la volonté de l'Evêque » :

Avons ordonné et ordonnons ce qui suit :

ARTICLE PREMIER

La Cure de la Cathédrale de Saint-Brieuc est réunie au Chapitre, et les fonctions curiales y seront confiées à un membre dudit Chapitre qui portera le titre d'archiprêtre.

ARTICLE 2

L'archiprêtre sera révocable à la volonté de l'Evêque, mais dans le cas de révocation il restera chanoine titulaire.

ARTICLE 3

Nous demandons au gouvernement de sa Majesté que, en approuvant notre présente ordonnance, que nous soumettons à sa sanction, il approuve aussi l'érection d'un neuvième canonicat titulaire dans le chapitre de la Cathédrale de Saint-Brieuc.

Donné à Saint-Brieuc, en notre palais épiscopal, sous notre seing, le sceau de nos armes et le contre seing du secrétaire de notre Evêché, le 26 novembre 1859.

† GUILLAUME-ELISÉE,
Evêque de Saint-Brieuc et Tréguier.

Le 23 Janvier 1860, un décret impérial approuva cette ordonnance épiscopale, et fonda un neuvième canonicat, dont le titulaire jouissait d'un traitement égal à celui des autres chanoines titulaires.

N° 3

Croix des Chanoines titulaires

Bref de Sa Sainteté Pie IX, 18 Avril 1861.

Ad futuram rei memoriam. Quæ ad augendam ecclesiasticorum virorum amplitudinem et decus qui nobilioribus in templis divino cultui vacant facere apprime possunt ea pro tempore et loco concedere ex prædecessorum nostrorum more institutoque solemus. Quum igitur venerabilis frater Episcopus Briocensis modo nos enixe rogaverit ut canonicis titularibus Ecolesiæ suæ cathedralis veniam facere de benignitate nostra, dignaremur cujus vi crucis octogono nostram effigiem in medio referentis insigne super palliolum deferre queant, nos, pro certo habentes, eos quo magis ornamentis eniteant, vehementiori ad pietatem virtutemque extolendum studio excitatum iri, precibus hujusmodi obsecundare, quantum in Domino possumus voluimus. Itaque peculiari paternæ benevolentiæ nostræ significatione titulares cathedralis Ecclesiæ Briocensis canonicos prosequi volentes, eosque et singulos quibus hæ nostræ litteræ favent a quibusvis excommunicationis et interdicti, aliisque ecclesiasticis censuris sententiis et pœnis quovis modo vel quavis causa latis, si quas forte incurrerent, hujus tantum rei gratia absolventes et absolutos fore] censentes, illis eorumque successoribus ut crucem octogonam, radiatam, instar exempli quod in tabulario brevium nostrorum jussimus asservari, imaginem nostram, argento exculptam in medio referentem tœnia serico violacei coloris supra palliolum gestare libere et licite possint et valeant, auctoritate nostra apostolicâ, tenore prœsentium concedimus et indulgemus, decernentes hos litteras firmas, validas et efficaces fore suosque plenarios et integros effectus sortiri et obtinere, iisdem canonicis et eorum successoribus plenissime hoc futurisque temporibus suffrageri. Non obstantibus felicis recordationis Benedicti P.P. XIV, prædecessoris nostri super

divisione materiarum aliisque et in universalibus provin-
cialibusque et synodelibus conciliis editis generalibus vel
specialibus constitutionibus et ordinationibus cœterisque
contrariis quibuscumque.

Datum Romæ apud S. Petrum sub annulo piscatoris die
XIX aprilis **MDCCCLXI** Pontificatus nostri anno decimo
quinto.

Pro Rev. card. Pianelli,

Brancaboni Cancellarius.

Bref de Sa Sainteté Pie IX autorisant le ruban rouge (4 Mars 1873).

Ad futuram rei memoriam. Oblatæ sunt nobis preces a
dilectis filiis canonicis titularibus Ecclesiæ Briocensis,
ex quibus cognovimus admodum ipsis in votis esse ut
violaceum tæniæ sericæ colorem ex qua pendet pectorale
crucis insigne quod per apostolicas litteras die 19 Aprilis
anni 1861 datas eisdem elargiti sumus, ob memoriam Sancti
Stephani Protomartyris Cathedralis Briocensis templi
cœlesti patroni in rubrum mutare, impetrata à nobis venia
queant. Quæ quidem ratio cum in pretio habenda visa
fuerit votis hujusmodi obsecundare lubenti animo voluimus. Itaque omnes et singulas quibus nostræ hæ Litteræ
favent, ab quibusvis excommunicationis et interdicti,
aliisque ecclesiasticis censuris et pœnis quovismodo vel
quavis de causa latis, si quas forte incurrerint hujus
tantum rei gratia absolventes et absolutos fore censentes,
hisce litteris apostolica nostra auctoritate decernimus ut
crux octogona radiata, quam nostrorum litterarum vi, de
quibus habita suprà mentio est, canonici titulares cathedralis Ecclesiæ Briocensis supra palliolum deferunt, loco
tæniæ sericeæ violacei coloris, tæniæ item sericeæ, verum
rubræ suspensa sit. Hæc decernimus sartis cœteris omnibus
memoratæ concessionis nostræ adjectis iisque non obstantibus quæ per eamdem non obstare decretum fuit.

Datum Romæ apud Sanctum Petrum, sub annulo Piscatoris, die **quarta Martii 1873** Pontificatus nostri anno vige-
rimo septimo.

Cardinalus Asquinius.

N° 4

Indult Pontifical

Lettre de Monseigneur FALLIÈRES, a S. S. Léon XIII.

Beatissime Pater, — Episcopus Briocensis in Gallia, humillime S. V. exponit : novem nunc esse canonicos in Cathedrali Briocen. tres scilicet qui utpote, ante suppressionem stipendii nominati, illud a gubernio adhuc obtinent ; alter qui, archipresbyteri munia implens, idem stipendium percipit, et quinque alii quibus ut recentissime electis nihil omnino stipendii solvitur. Hinc non paucæ oriuntur difficultates circa onera aliis et aliis imponenda. Æquum enim non videretur eadem exigere a singulis et omnibus, cum inter illos ratione stipendii, tanta sit disparitas. Quapropter orator episcopus sequentia dubia proponit :

I. — An canonici, sine stipendio et præbenda nominati, ad residentiam, ad chorale servitium, ad applicationem missarum pro fundatoribus et benefactoribus et ad alia onera, canonicis præbenda donatis imposita, teneantur in casu, et quatenus negative :

II. — An et quomodo in eorum favorem remissioni et reductioni onerum in casu ?

III. — An et quomodo cœteri scilicet canonici, præbenda donati teneantur ad omnia opera, quæ de jure canonicis incumbent, si supra his oneribus alii dispensatur.

IV. — Ad quamnam partem missarum applicandarum, pro singulis reduci possit in casu.

V. — An canonicus archipresbyter, quando ad turnum missa mcelebrat in choro, unica missa satisfaciat obligationi S. Sacrificium pro benefactoribus offerendi et missam pro populo applicandi.

Notandum est :

I. — Quod canonici præbenda donati, nullum aliud stipendium habeant, preter quod a gubernio accipiunt.

II. — Quod canonici briocenses, a *pluribus annis, duplici indulto jam gaudent,* uno videlicet quo eximuntur ab onere missam pro benefactoribus applicandi, præterquam in diebus dominicis, aliisque festis etiam suppressis, — altero, vi cujus, dispensantur super celebratione missæ conventualis et récitatione horarum canonicarum *in choro,* exceptis dominicis ac festis diebus, et feriis quintis cujusque hebdomadæ.

* * *

Réponse de Rome.

Die 19 Januarii 1891.

SS Dnus noster, auditâ relatione subsecretarii S. Congregationis Concilii suprascriptas preces eidem episcopo Briocen. cum omnibus facultatibus necessariis et opportunis benigne remissit ad hoc ut, veris existentibus narratis, et perdurantibus expositis circumstantiis, dispensationem vel reductionem onerum choralium et missarum conventualium *pro suo arbitrio et conscientia* indulgere possit et valeat, attentis propositis dubiis.

ALOYSIUS, Card.,
Episcopus sabinen., præfectus.

S. BRICCVS   S. YVO
Prud'homme

www.ingramcontent.com/pod-product-compliance
Lightning Source LLC
LaVergne TN
LVHW021059050726
842519LV00005B/1727